¡Sí y no!

Antonio Medel
ilustrado por Óscar Soacha

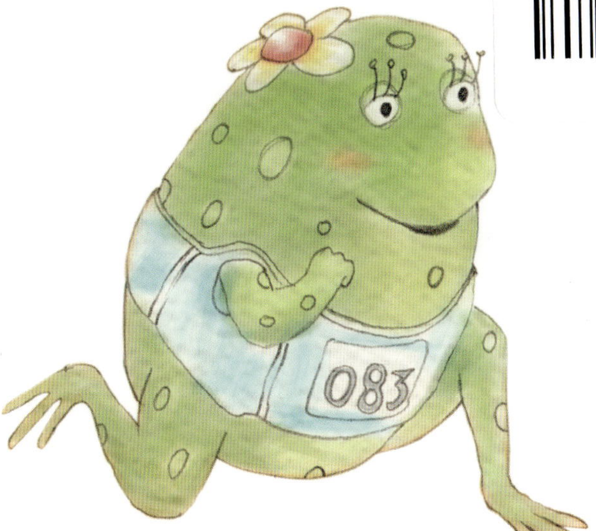

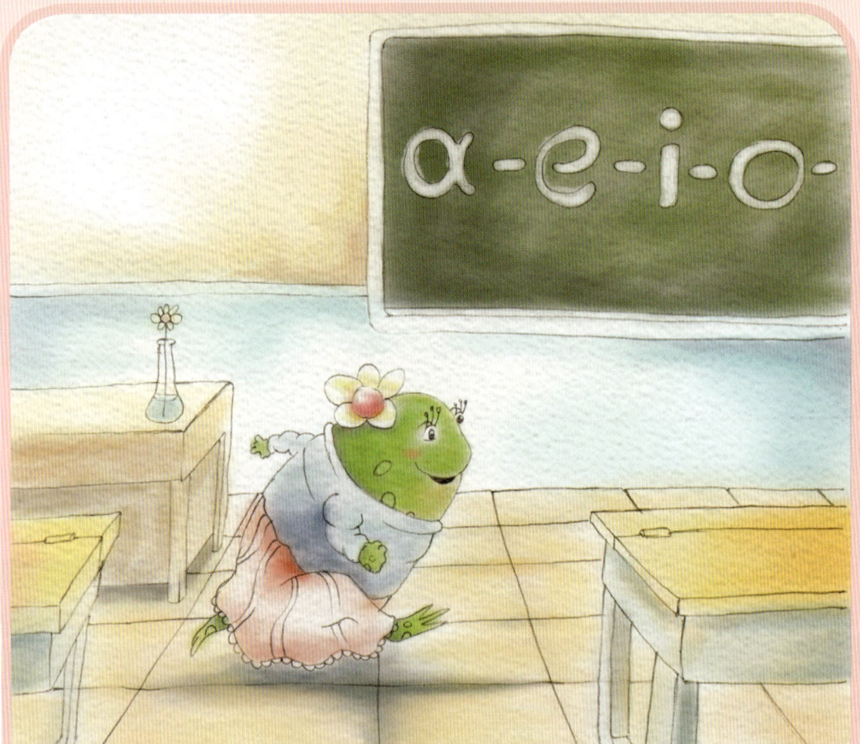

Nati, en la 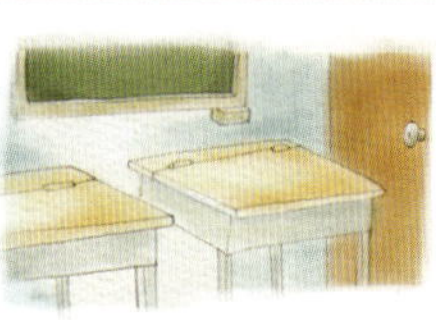 no.

clase

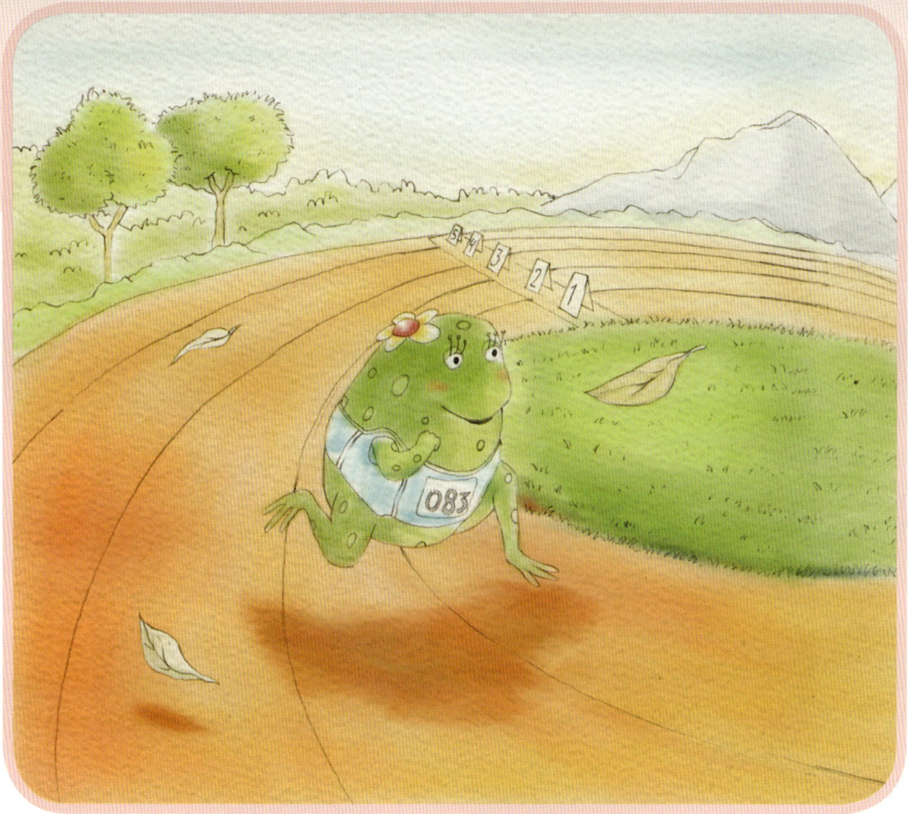

En la 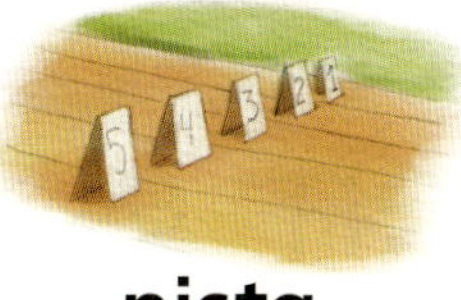 sí.

pista

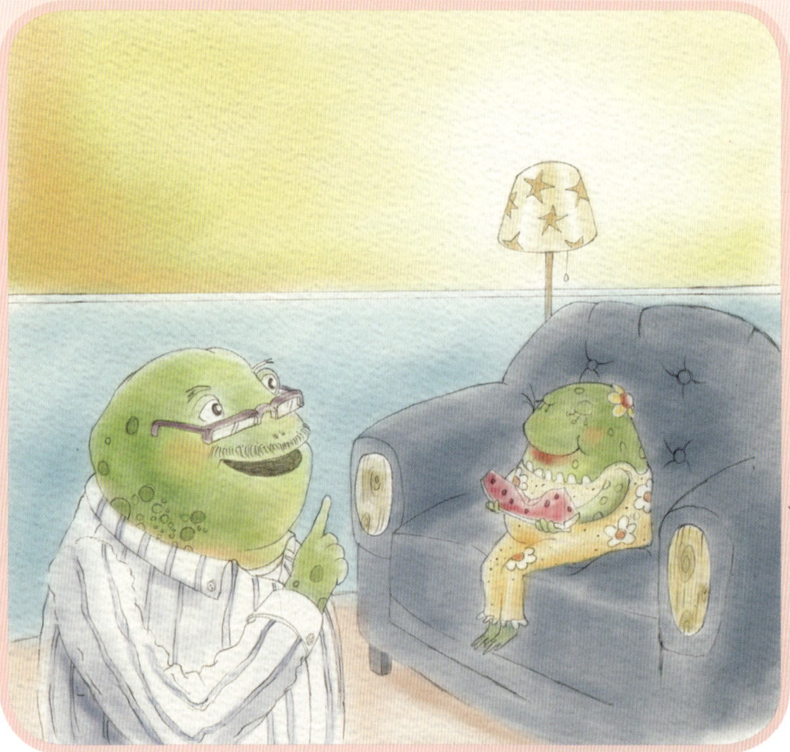

Nati, en el 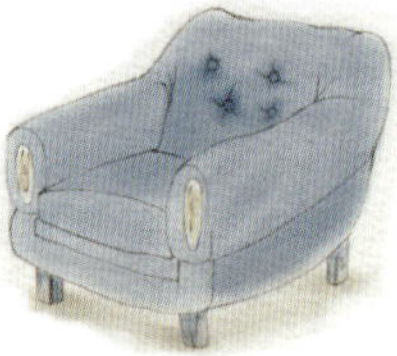 no.

sillón

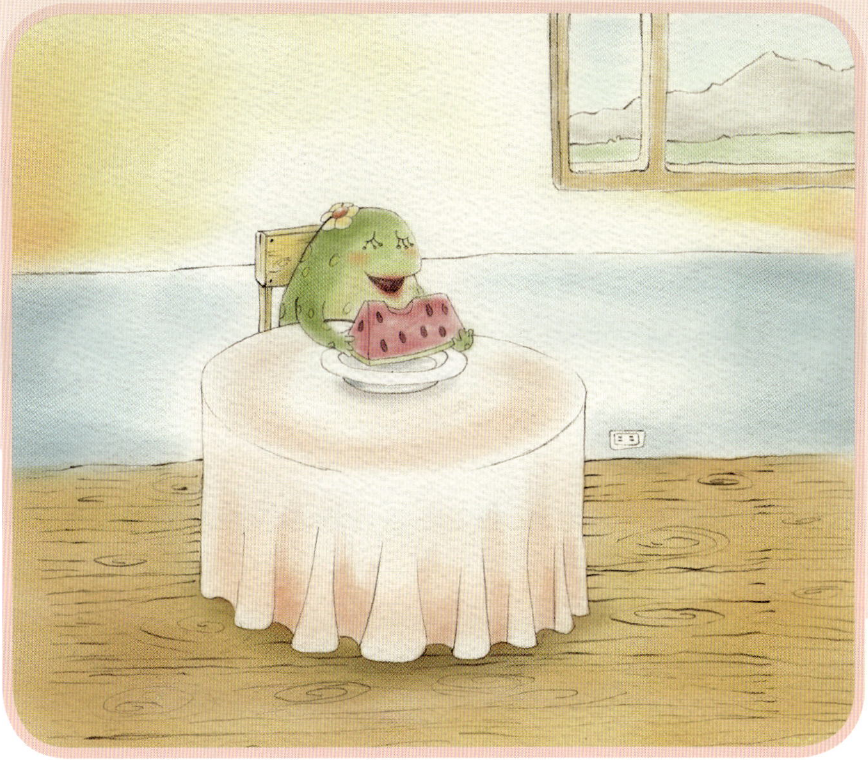

En el 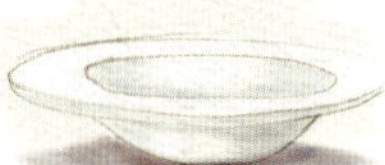 sí.

plato

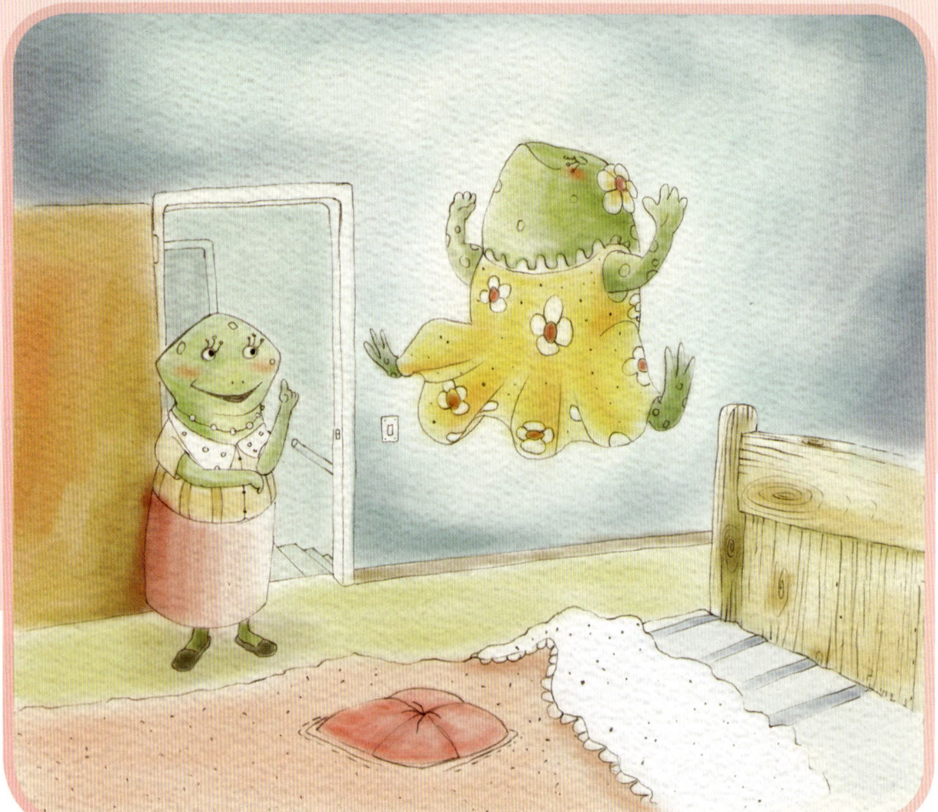

¡No!

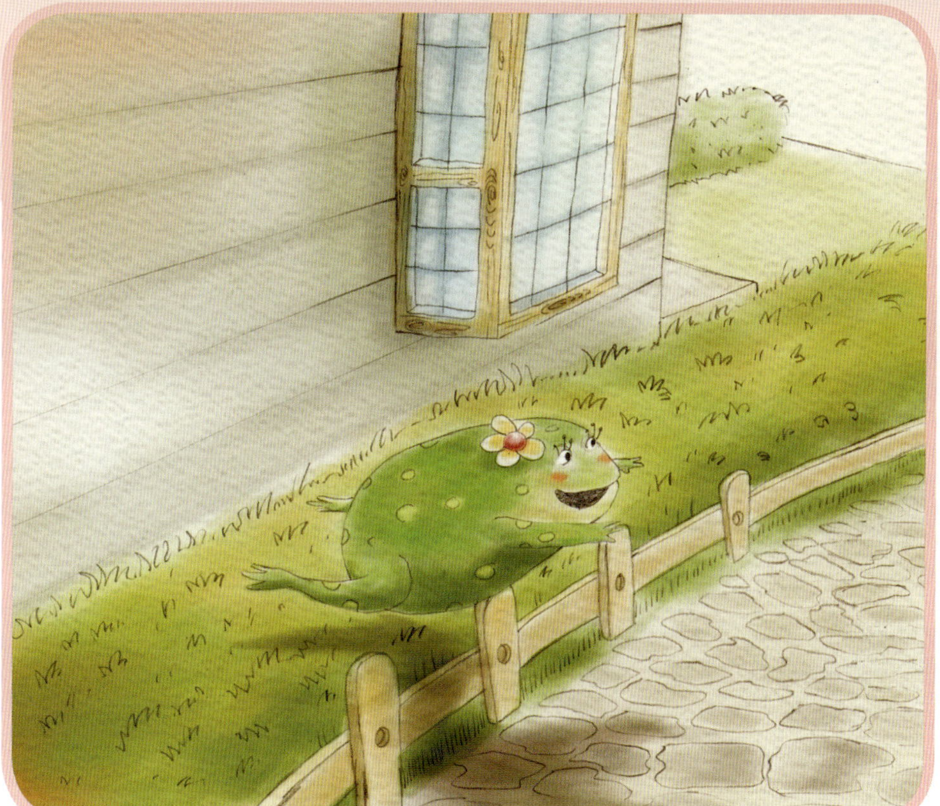

¡Sí!

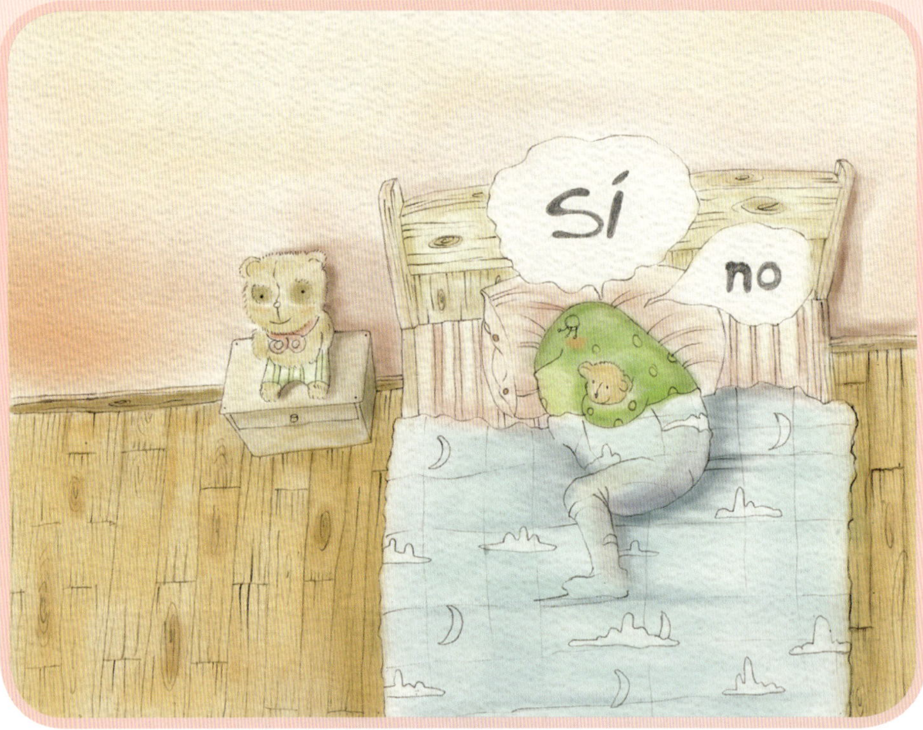

Ella 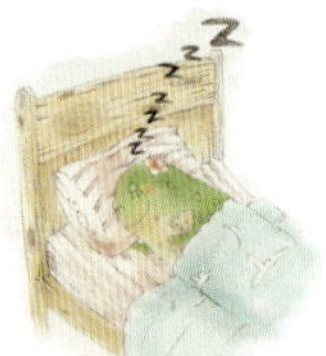 .

sueña